Autores varios

Poemas náhuatl

Traducciones de Ángel María Garibay

Barcelona **2023**
Linkgua-ediciones.com

Créditos

Título original: Poemas náhuatl.

© 2023, Red ediciones S.L.
Traducción de Ángel María Garibay Kintana

e-mail: info@linkgua.com

Diseño de cubierta: Michel Mallardi

ISBN rústica: 978-84-9816-823-5.
ISBN ebook: 978-84-9897-624-3.

Sumario

Brevísima presentación

Breve biografía de Ángel María Garibay Kintana

La presente selección y traducción de *Poemas náhuatl* fue realizada por Ángel María Garibay Kintana.

Garibay Kintana (Toluca, 18 de junio de 1892-Ciudad de México, 19 de octubre de 1967) fue un sacerdote católico, filólogo e historiador mexicano, y se distinguió por sus estudios de las culturas prehispánicas y por sus compilaciones de los presentes textos náhuatl. Es considerado uno de los más notables eruditos sobre la lengua y la literatura náhuatl, y fue maestro de algunos de los más destacados investigadores mexicanos de dicha cultura. Entre ellos el antropólogo e historiador Miguel León-Portilla.

Huérfano a los cinco años, Garibay fue criado por una tía en el pueblo de Santa Fe, cercano a la capital mexicana. En la escuela de esa localidad completó sus estudios elementales, y en 1906 ingresó al Seminario Conciliar de México para comenzar su carrera eclesiástica. Su interés por las culturas antiguas de su país se inició en esos tiempos; aprendió el náhuatl, y comenzó a estudiar documentos del México antiguo. Al mismo tiempo, estudió latín, griego y hebreo, y llegó a dominar también el inglés, el francés y el alemán.

Se ordenó sacerdote en 1917. Su asignación a la parroquia de Xilotepec le sirvió para aprender otomí.

Garibay combinó su carrera religiosa con su trabajo de investigador y su interés por mejorar las condiciones de vida de las comunidades indígenas. Permaneció en Xilotépec hasta 1919, cuando regresó al Seminario donde en 1924 fue profesor de Humanidades y Retórica. Durante este período, fue párroco en varias poblaciones de la región central de México: San Martín de las Pirámides, Huixquilucan, Tenancingo y Otumba.

En 1941 fue nombrado Canónigo Lectoral en la Basílica de Guadalupe. Había publicado ya algunos de sus trabajos, pero es a partir de la década de los cuarenta que comienza la escritura de sus obras más significativas.

En febrero de 1952 fue elegido Miembro Honorario de la Academia Mexicana de la Lengua, y pocos meses más tarde fue promovido a miembro de número. Ese año, en el 400.° aniversario de la Universidad Nacional

Autónoma de México, recibió el título de doctor Honoris Causa. Poco tiempo después fue nombrado profesor extraordinario de la Facultad de Filosofía y Letras de esa Universidad y en 1956 ingresó en el Instituto de Investigaciones Históricas; al mismo tiempo que se convertía en director del Seminario de Cultura Náhuatl.

Las fuentes

La mayoría de los cantos nahualt que se conservan aparecen en los códices *Romances de los señores de la Nueva España* y *Cantares mexicanos*. Ambos fueron compilados entre 1560 y 1582. Algunos cantos se repiten en ambos textos. Ningún códice tiene información acerca de su compilador, sin embargo hay evidencia sólida de la identidad de ambos.

Los *Romances*, contienen diez cantos de flor atribuidos a Nezahualcoyotl (once, dependiendo de la forma de enumerarlos), y fueron recopiladas por Juan Bautista Pomar, un bisnieto suyo. El único manuscrito existente de los *Romances*, fue descubierto encuadernado junto con la *Relación de Texcoco*, de Pomar, fechada en 1582.

Los *Cantares mexicanos*, contienen veinticuatro a veintiocho cantos de flor atribuidos a Nezahualcoyotl, y se considera que fueron recopilados por informantes indígenas de fray Bernardino de Sahagún como parte del *Códice Florentino*.

Los nahualts tenían una escritura antes de la llegada de los españoles, y aprendieron el alfabeto a través de los frailes españoles tras ser prohibidos y quemados sus propios libros.

Otros los cantares de Nezahualcoyotl fueron traducidos al español en la *Historia Chichimeca*, de Alva Ixtlilxochitl, otro descendiente de Nezahualcoyotl. Este libro y la *Relación de Texcoco* son las fuentes principales de la vida de Nezahualcoyotl y la historia de Texcoco, su estado-ciudad. Otros fragmentos de esta historia y una paráfrasis del poema de Nezahualcoyotl aparecen en la *Monarquía Indiana*, de fray Juan de Torquemada. Los himnos sagrados pueden ser encontrados en el *Códice Florentino*, la *Historia Tolteca-chichimeca*, y los *Anales de Cuauhtitlan*.

Las citas de fray Diego Durán se pueden encontrar en *Historia de las Indias de Nueva España*, 1581. La mayoría de los cantos de los *Cantares* y *Los Romances* no tienen título. Esta edición conserva los números de los cantos de Garibay para *Los*

Romances y los de Bierhorst para *Los Cantares.* Los números de los cantos son seguidos por las páginas del manuscrito donde pueden ser encontradas.

Poemas

La flor y el canto

Anónimo de Chalco

Brotan las flores, están frescas, medran,
abren su corola.
De tu interior salen las flores del canto:
tú, oh poeta, las derramas sobre los demás.

Mi poema

Totoquihuatzin,
rey de Tlacopan
(principios del siglo XVI)

Yo perforo esmeraldas,
yo oro estoy fundiendo:
¡Es mi canto!
En hilo ensarto ricas esmeraldas:
¡Es mi canto!

Eterna vida de poesía

Tochihuitzin,
señor de Mexicaltzinco
(entre 1510-1520)

Cual un canto habéis vivido,
cual una flor habéis brotado,
oh príncipes.
Yo soy Tochihuitzin que dejé la grama:
¡aquí va el sartal de mis flores!

Ruego en flores

¡Oh tú por quien todo vive!: alzamos a ti el ruego:
ante ti nos rendimos para complacerte,
junto a los floridos tambores,
Señor del palacio de las aguas:
¡Se reponen ya los tambores,
se guardan en la casa de las flores!
¡Ya te dan culto tus amigos,
Yaomatzin, Micohuatzin, Ayocuauhtzin:
ya con flores a ti suspiran los príncipes!

El colibrí florido

He llegado hasta acá,
a las ramas del Árbol Floreciente
yo el Colibrí florido:
deleito mi nariz y me siento gozoso:
sabrosos y dulces son mis labios.

El ave roja de la diosa

El ave roja de Xochiquétzal
se deleita, se deleita sobre las flores.
Bebe la miel en diversas flores:
se deleita, se deleita sobre las flores.

Enigma de vivir

Anónimo de Chalco

No es verdad que vivimos,
no es verdad que duramos
en la tierra.
¡Yo tengo que dejar las bellas flores,
tengo que ir en busca del sitio del misterio!
Pero por breve tiempo,
hagamos nuestros los hermosos cantos.

La vida pasa...

Anónimo de Chalco

¡Oh flores que portamos,
oh cantos que llevamos,
nos vamos al Reino del Misterio!
¡Al menos por un día
estemos juntos, amigos míos!
¡Debemos dejar nuestros cantos:
y con todo la tierra seguirá permanente!
Amigos míos, gocemos: ¡gocemos, amigos!

Flores nuevas

Anónimo de Huexotzinco

¡Llegaron las flores!
¡A revestirse de ellas, oh príncipes,
a adquirir su riqueza!
Fugaces en extremo nos muestran su rostro,
fugaces reverberan.
Solo en tiempo de verdor llegan a ser perfectas.
¡Las amarillas flores de mil pétalos!
¡Llegaron las flores junto a la montaña!

La vida póstuma

De Tenochtitlan, con ocasión de la muerte
del príncipe Tlacahuepan (1493-98)

Áurea mariposa ya libando está:
la flor que se ha abierto es mi corazón,
oh amigos míos, es una flor fragante,
ya la esparzo en lluvia.

Sueño de palabras

Tecayehuatzin

¡Amigos, favor de oír
este sueño de palabras!
en tiempo de primavera nos da vida
el áureo brote de la mazorca:
nos da refrigerio la roja mazorca tierna,
pero es un collar rico el que sepamos
que nos es fiel el corazón de nuestros amigos.

La amistad

Tecayehuatzin

Cual pluma de quetzal, fragante flor,
la amistad se estremece:
como plumas de garza, en galas se entreteje.
Un ave que rumora cual cascabel es nuestro canto:
ique hermoso lo entonáis!
Aquí, entre flores que nos forman valla,
entre ramas floridas los estáis cantando.

El canto del poeta

Tecayehuatzin

Oí un canto por allí: y ando en plena primavera
viendo las luces del año.
Ya con la aurora conversan
el ave de azul plumaje, y el pájaro de las mieses,
y el ave roja del Sol:
¡Es el príncipe Monencauhtzin!

Qué es la poesía[1]

Netzahualcóyotl
(1450)

Lo he comprendido al fin:
oigo un canto: veo una flor:
¡oh, que jamás se marchiten!

---

1 *Romances de los señores de la Nueva España.*

Sed de inmortalidad

Netzahualcóyotl

Me siento fuera de sentido,
lloro, me aflijo y pienso,
digo y recuerdo:
¡Oh, si nunca yo muriera,
si nunca desapareciera!...
¡Vaya yo donde no hay muerte,
donde se alcanza victoria!
Oh, si nunca yo muriera,
si nunca desapareciera...

Mi hermano el hombre

Netzahualcóyotl

Amo el canto de zenzontle
pájaro de cuatrocientas voces,
amo el color del jade
y el enervante perfume de las flores,
pero más amo a mi hermano: el hombre.

Canto primaveral[2]

Netzahualcóyotl

Sobre las flores canta el hermoso faisán:
ya sus cantos desata el Dueño del mundo.
Y solo le responden sus propias aves.
Son las aves rojas bellas que cantan.
Un libro de pinturas es tu corazón:
viniste a cantar, oh poeta, y tañes tu atabal.
Es que en la primavera deleitas a los hombres.

---

2 *Romances de los señores de la Nueva España.*

Dolor del canto[3]

Netzahualcóyotl

Oye un canto mi corazón:
me opongo a llorar: me lleno de dolor.
Nos vamos entre flores:
tenemos que dejar esta tierra:
estamos prestados unos a otros:
¡iremos a la Casa del Sol!
Póngame yo un collar de variadas flores:
en mis manos estén:
¡florezcan en mis guirnaldas!
Tenemos que dejar esta tierra:
estamos prestados unos a otros:
¡nos vamos a la Casa del Sol!

---

3 *Romances de los señores de la Nueva España.*

34

Canto de Moyocoyatzin[4]

Nezahualcóyotl

Percibo su secreto,
oh vosotros, príncipes:
De igual modo somos, somos mortales,
los hombres, cuatro a cuatro, [...]
todos nos iremos,
todos moriremos en la tierra.

Nadie esmeralda
nadie oro se volverá
ni será en la tierra algo que se guarda:
todos nos iremos
hacia allá igualmente:
nadie quedará, todos han de desaparecer:
de modo igual iremos a su casa.

Como una pintura
nos iremos borrando.
Como flor
hemos de secarnos
sobre la tierra.
Cual ropaje de plumas
del quetzal, del zacuan,
del azulejo, iremos pereciendo.
Iremos a su casa.

Llegó hasta acá,
anda ondulando la tristeza
de los que viven ya en el interior de ella...
No se les llore en vano

---

4 *Romances de los señores de la Nueva España.*

a águilas y tigres...
¡Aquí iremos desapareciendo:
nadie ha de quedar!

Príncipes, pensadlo,
oh águilas y tigres:
pudiera ser jade,
pudiera ser oro
también allá irán
donde están los descorporizados.
¡Iremos desapareciendo:
nadie ha de quedar!

Poema de la conquista

Del manuscrito de 1528, ed. Mengin

Con suerte lamentosa nos vimos angustiados.
En los caminos yacen dardos rotos:
los cabellos están esparcidos.
Destechadas están las casas,
enrojecidos tienen sus muros.
Gusanos pululan por calles y plazas,
y están las paredes manchadas de sesos.
Rojas están las aguas, cual si las hubieran teñido,
y si las bebíamos, eran agua de salitre.
Golpeábamos los muros de adobe en nuestra ansiedad
y nos quedaba por herencia una red de agujeros.
En los escudos estuvo nuestro resguardo,
pero los escudos no detienen la desolación.
Hemos comido panes de colorín
hemos masticado grama salitrosa,
pedazos de adobe, lagartijas, ratones
y tierra hecha polvo y aun los gusanos...

Bailete de Netzahualcóyotl[5]

Primer tiempo
Preludio de un cantor

Se aprestan aquí nuestros atabales.
Ya hago bailar Aguilas y Tigres.
Ya te yergues tú, flor del canto: estás entre ellos.
Yo busco cantos:
son nuestra gala.
Oh príncipe mío, oh Netzahualcóyotl:
tú ya te fuiste a la región de los muertos,
ya estás para siempre en el lugar del misterio.

Habla
Netzahualcóyotl

¡Aun allí, aun allí yo Netzahualcóyotl,
llorando estoy!
¿He de irme acaso, habré de perderme
en la región de los muertos?
Me abandono a ti, tú por quien todo vive:
tú me lo mandas: me iré, me perderé
en la región de los muertos.
¿Cómo quedará la tierra de Acolhuacan?
¿Alguna vez se dispersarán tus vasallos?
Me abandono a ti, tú por quien todo vive:
tú lo mandas: me iré, me perderé
en la región de los muertos.

Otro poeta

Solo el canto es nuestra gala:
destruyen nuestros libros los nobles guerreros.
Haya gran deleite aquí:
nadie tiene casa propia en la tierra:

---

5 *Cantares mexicanos* (c. 1500).

itotalmente dejaremos las bellas flores!
Nadie agotará tu dicha, oh autor de la vida:
bien lo comprende mi corazón:
por muy breve tiempo la tienes prestada.
Oh Netzahualcóyotl, no por vez segunda
venimos aquí: nadie tieme casa propia en la tierra:
no por segunda vez venimos a la tierra.
Yo cantor lloro al recordar a Netzahualcóyotl.
¡Ven, llega hasta acá!
¡Lloro al recordar a Netzahualcóyotl!

Segundo tiempo: Monólogo de Netzahualcóyotl

Cánticos floridos haya: digan:
¡Tomo las flores que embriagan,
también hay flores de aroma!
Ven, serás engrandecido.
Legaron ramilletes de flores:
son las flores del placer:
se esparcen y se estremecen,
se entreveran variadas flores.
Ya retumbó el tamboril:
comience el baile.
Con rica flor de perfumes se pinta mi corazón:
cantor soy: tómense flores para que sean tremoladas.
¡Gozad, gozad!

Dentro de mi corazón se quiebra la flor del canto
ya esparzo flores.
Con cantos he de ataviarme alguna vez,
de flores ha de entrelazarse mi corazón:
son los nobles, son los príncipes.
Lloro por eso al decir:
mi fama florida, mi renombre de cantos
tengo que dejar un día,
de flores ha de entrelazarse mi corazón:
son los nobles, son los príncipes.

Tercer tiempo: Diálogo de dos poetas disfrazados de aves

Tozquéchol

> Soy papagayo amarillo y rojo:
> ¡Volaba sobre la tierra: se embriagó mi corazón!

Quetzal

> Yo llego en tiempo de lluvias:
> sobre las flores puedo cantar:
> digo mi canto: se alegra mi corazón.

Tozquéchol

> Agua de flores espuma sobre la tierra:
> se embriagó mi corazón.

Quetzal

> Lloro y me siento triste:
> nadie tiene casa propia en la tierra.
> Digo, yo que soy mexicano:
> voy a seguir mi camino.
> Iré hasta Tecuantepec, perecerá el de Chiltepec,
> y solo llora el de Amaxtlan, y el de Xochtlan perece.
> Llora ya Tecuantepec.

Cuarto tiempo: triálogo

Anónimo

Ya está en pie el tamboril,
sea el baile, nobles guerrero.
Tomen ya sus piedran finas,
tomen ya sus anchos penachos de preciosa pluma.
¡Nadie tiene casa propia en la tierra!
Ya tengo en mis manos las flores
del que hace vivir al mundo.
Tomen ya sus piedras finas,
tomen ya sus anchos penachos de preciosa pluma.
¡Nadie tiene casa propia en la tierra!

Netzahualpilli

Ya sus cascabeles está agitando el dios,
aquel por quien todo vive.
Acaba de conocer a Nonoalco y a Ahuilizzapan,
y a Atlacochtempan y Atlixco.
Es el rey Netzahualpilli.

Un esclavo
vencido

Ya empuñaste en tu mano el desollador.
Con él das placer al dios, Príncipe Netzahualpilli.
Se angustia mi corazón, porque yo soy de Nonoalco.
Ave del país del hule, pero mexicano en lengua.

Quinto tiempo: Un poeta

Dése ya principio, amigos: empiece el canto aquí.
Ha llegado ya aquel que hace alegría a los guerreros.
Naciste en el país del canto. Ha nacido un dios.
En tu casa la aurora se entrelaza:
tus flores, tus cantos, son jades florecientes.
Abriendo están la corola.
Guerra hubo y pasó,
dicha fue y victoria.
Ahora fragantes flores se esparcen: son tu palabra.
Y aquel por quien todo vieve sobre de Anáhuac se
tiende.
Así perdurará la ciudad dentro del agua.
En tus manos permanece: tú solamente la ves.

Un recuerdo que dejo[6]

¿Con qué he de irme?
¿Nada dejaré en pos de mí sobre la tierra?
¿Cómo ha de actuar mi corazón?
¿Acaso en vano venimos a vivir,
a brotar sobre la tierra?
Dejemos al menos flores
dejemos al menos cantos

---

6 Ayocuan Cuetzpaltzin, también conocido como el Aguila Blanca de Tecamachalco,

Dolor y amistad[7]

No hago más que buscar,
no hago más que recordar a nuestros amigos.
¿Vendrán otra vez aquí?,
¿han de volver a vivir?
¡Una sola vez nos perdemos,
una sola vez estamos en la tierra!
No por eso se entristezca el corazón de alguno:
al lado del que está dando la vida.
Pero yo con esto lloro,
me pongo triste; he quedado huérfano en la tierra.
¿Qué dispone tu corazón, Autor de la Vida?
¡Que se vaya la amargura de tu pecho,
que se vaya el hastío del desamparo!
¡Que se pueda alcanzar gloria a tu lado,
oh dios... pero tú quieres darme muerte!
Puede ser que no vivamos alegres en la tierra,
pero tus amigos con eso tenemos gozo en la tierra.
Y todos de igual modo padecemos
y todos andamos con angustia unidos aquí.
Dentro del cielo tú forjas tu designio.
Lo decretarás: ¿acaso te hastíes
y aquí nos escondas tu fama y tu gloria
en la tierra?
¿Qué es lo que decretas?
¡Nadie es amigo del que da la vida,
oh amigos míos, Águilas y Tigres!
¿A dónde iremos por fin
los que estamos aquí sufriendo, oh príncipes?
Que no haya infortunio:
Él nos atormenta, él es quien nos mata:
Sed esforzados: todos nos iremos

---

7 *Cantares mexicanos*, f 13 r y v.

45

al Lugar del Misterio.
Que no te desdeñe
aunque ande doliente ante el Dador de la Vida:
él nos va quitando, él nos va arrebatando
su fama y su gloria en la tierra.
Tenedlo entendido:
tendré que dejaros, oh amigos, oh príncipes.
Nadie vale nada ante el Dador de la Vida,
él nos va quitando, él nos va arrebatando
su fama y su gloria en la tierra.
Lo has oído, corazón mío,
tú que estás sufriendo:
atiende a nosotros, míranos bien:
Así vivimos aquí ante el Dador de la Vida.
No por eso mueras, antes vive siempre en la tierra.

El árbol florido[8]

Primer Poeta

Ya se difunde, ya se difunde nuestro canto.
En medio de joyas, en medio de oro
se ensancha el Árbol florido.
Ya se estremece, ya se esparce.
¡Chupe miel el quetzal,
chupe miel la dorada guacamaya!

Tú te has convertido en Árbol Florido:
abres tus ramas y te doblegas,
te has presentado ante el Dador de vida:
en su presencia abres tus ramas:
nosotros somos variadas flores.

Perdura aun allí,
abre tus corolas aún en esta tierra.

Si tú te mueves caen flores:
eres tú mismo el que te esparces.

Nezahualcoyotl

No acabarán mis flores,
no acabaran mis cantos:
yo los elevo: soy un cantor.

Se esparcen, se derraman,
amarillecen las flores:
son llevadas al interior de lo dorado.
Flores de cuervo, flores de manita

---

8 *Cantares mexicanos*, f 16 v - 17 r.

tú esparces, tú haces caer
en medio de las flores.
Ah sí: yo soy feliz,
yo el Príncipe Nezahualcoyotl
juntando estoy joyas, anchos penachos de quetzal,
estoy contemplando el rostro de los jades.
¡Son los príncipes!
Viendo estoy el rostro de Águilas y Tigres,
estoy contemplando el rostro de jades y joyas.

Primer Poeta

El resplandor de una ajorca cuajada de jades:
eso es vuestra palabra y vuestro pensamiento,
oh vosotros, reyes, Moctecuzomantzin y
Nezahualcoyotzin:
y tendréis que dejar huérfanos alguna vez a vuestros
vasallos.

Ahora, sed felices al lado, a la vera del que da la vida,
ino por segunda vez se es rey en la tierra:
tendréis que dejar huérfanos alguna vez a vuestros
vasallos!

Ahora sé feliz, ahora engalánate,
tú, príncipe Nezahualcoyotl:
toma para ti las flores de aquel por quien vivimos.

Va a cansarse, va a hastiarse aquí:
alguna vez ocultará su gloria y su renombre.
por muy breve tiempo se dan en préstamo, oh
príncipes.

Ahora sé feliz, ahora engalánate

tú, prínicpe Nezahualcoyotl:
toma para ti las flores de aquel por quien vivimos.

Piensa Nezahualcoyotl:
Que allá solamente es la casa del autor de la vida:
Solo anda tomando el trono y el solio,
solo está andando la tierra y el cielo.
Allá será feliz y dará su dicha.

Nezahualcoyotl

Nos iremos, ay... ¡gozaos!
Lo digo yo Nezahualcoyotl.

¿Es que acaso se vive de verdad en la tierra?
¡No por siempre en la tierra,
solo breve tiempo aquí!
Aunque sea jade, también se quiebra;
Aunque sea oro, también se hiende,
y aun el plumaje del quetzal se desgarra:
¡No por siempre en la tierra,
solo breve tiempo aquí!

Yo lo pregunto[9]

Yo Nezahualcóyotl lo pregunto:
¿Acaso de veras se vive con raíz en la tierra?
Nada es para siempre en la tierra:
solo un poco aquí.
Aunque sea de jade se quiebra,
aunque sea de oro se rompe,
aunque sea plumaje de quetzal se desgarra.
No para siempre en la tierra:
Solo un poco aquí.

9 *Cantares mexicanos*, f 17 r.

Deseo de persistencia[10]

Yo ave del agua floreciente duro en fiesta.
Soy un canto en el ancho cerco del agua,
anda mi corazón en la ribera de los hombres,
voy matizando mis flores,
con ellas se embriagan los príncipes.
Hay engalanamiento.

Estoy desolado, ay, está desolado mi corazón;
yo soy poeta en la Ribera de las Nueve Corrientes,
en la tierra del agua floreciente.
Oh mis amigos, sea ya el amortajamiento.

Me pongo collar de redondos jades,
como soy poeta, este es mi mérito,
reverberan los jades: yo me jacto de mi canto,
Embriaga mi corazón. ¡Que allá en la tierra florida
sea amortajado!

Cuando canto sufro en la tierra,
soy poeta y de dentro me sale la tristeza.
Embriaga mi corazón. ¡Que allá en la tierra florida
sea amortajado!

Dejaré pintada una obra de arte,
soy poeta y mi canto vivirá en la tierra:
con mi canto seré recordado, oh mis oyentes,
me iré, iré a desaparecer,
seré tendido en estera de amarillas plumas,
y llorarán por mí las ancianas,
escurrirá el llanto mis huesos como florido leño

---

10 *Cantares mexicanos*, f 31 r y v.

he de bajar al sepulcro, allá en la ribera de las
tórtolas.

Ay, sufro, oyentes míos,
el dosel de plumas, cuando yo sea llevado
allá en Tlapala se volverá humo.
Me iré, iré a desaparecer,
seré tendido en estera de plumas amarillas
y llorarán por mí las ancianas.

Canto de Nezahualcóyotl de Acolhuacan[11]

Con que saludó a Moctezuma el grande, cuando estaba éste enfermo.

Miradme, he llegado.
Soy blanca flor, soy faisán,
se yergue mi abanico de plumas finas,
soy Nezahualcóyotl.
Las flores se esparcen,
de allá vengo, de Acolhuacan.
Escuchadme, elevaré mi canto,
vengo a alegrar a Moctezuma.
¡Tatalilili, papapapa, achala, achala!

¡Que sea para bien!
¡Que sea en buen momento!
Donde están erguidas las columnas de jade,
donde están ellas en fila,
aquí en México,
donde en las oscuras aguas
se yerguen los blancos sauces,
aquí te merecieron tus abuelos,
aquel Huitzilíhuitl, aquel Acamapichtli.
¡Por ellos llora, oh Moctezuma!
Por ellos tú guardas su estera y su solio.
Él te ha visto con compasión,
él se ha apiadoado de ti, ¡oh Moctezuma!
A tu cargo tienes la ciudad y el solio.

Un coro responde:
Por ello llora, ¡Oh Moctezuma!
Estás contemplando el agua y el monte, la ciudad,
allí ya miras a tu enfermo,
¡oh Nezahualcóyotl!

---

11 *Cantares mexicanos*, f 66 v - 67 r.

Allí en las oscuras aguas,
en medio del musgo acuático,
haces tu llegada a México.
Aquí tú haces merecimiento,
allí ya miras a tu enfermo.
Tú, Nezahualcóyotl.

El águila grazna,
el ocelote ruge,
aquí es México,
donde tú gobernabas Itzcóatl.
Por él, tienes tú ahora estera y solio.
Donde hay sauces blancos
Solo tu reinas.
Donde hay blancas cañas,
donde se extiende el agua de jade,
aquí en México.

Tú, con sauces preciosos,
verdes como jade,
engalanas la ciudad,

la niebla sobre nosotros se extiende,
¡que broten flores preciosas!
¡que permanezcan en vuestras manos!
Son vuestro canto, vuestra palabra.
Haces vibrar tu abanico de plumas finas,
lo contempla la garza
lo contempla el quetzal.
¡Son amigos los príncipes!

La niebla sobre nosotros se extiende,
¡que broten flores preciosas!
¡que permanezcan en vuestras manos!

54

Son vuestro canto, vuestra palabra.
Flores luminosas abren sus corolas,
donde se extiende el musgo acuático,
aquí en México.
Sin violencia permanece y prospera
en medio de sus libros y pinturas,
existe la ciudad de Tenochtitlan.
Él la extiende y la hace florecer,
él tiene aquí fijos sus ojos,
los tiene fijos en medio del lago.

Se han levantado columnas de jade,
de en medio del lago se yerguen las columnas,
es el Dios que sustenta la tierra
y lleva sobre sí al Anáhuac
sobre el agua celeste.
Flores preciosas hay en vuestras manos,
con verdes sauces habéis matizado a la ciudad,
a todo aquello que las aguas rodean,
y en la plenitud del día.
Habéis hecho una pintura del agua celeste,
la tierra del Anáhuac habéis matizado,
¡oh vosotros señores!
A ti, Nezahualcóyotl,
a ti, Moctezuma,
el Dador de la Vida os ha inventado,
os ha forjado,
nuestro padre, el Dios,
en el interior mismo del agua.

¡En buen tiempo vinimos a vivir!...[12]

iEn buen tiempo vinimos a vivir,
hemos venido en tiempo primaveral!
iInstante brevísimo, oh amigos!
iAun así tan breve, que se viva!

Yo soy Yoyontzin: aquí se alegran nuestros
corazones,
nuestros rostros:
hemos venido a conocer vuestras bellas palabras.
iInstante brevísimo, oh amigos!
iAun así tan breve, que se viva!

---

12 *Cantares mexicanos*, f 69 r.

¿A dónde iremos?[13]

¿A dónde iremos
donde la muerte no existe?
Mas, ¿por esto viviré llorando?
Que tu corazón se enderece:
aquí nadie vivirá por siempre.
Aun los príncipes a morir vinieron,
los bultos funerarios se queman.
Que tu corazón se enderece:
aquí nadie vivirá para siempre.

---

13 *Cantares mexicanos*, f 70 r. Traducción Garibay.

Poneos de pie[14]

¡Amigos míos, poneos de pie!
Desamparados están los príncipes,
yo soy Nezahualcóyotl,
soy el cantor,
soy papagayo de gran cabeza.
Toma ya tus flores y tu abanico.
¡Con ellos ponte a bailar!
Tú eres mi hijo,
tú eres Yoyontzin.
Toma ya tu cacao,
la flor del cacao,
¡que sea ya bebida!
¡Hágase el baile,
comience el dialogar de los cantos!
no es aquí nuestra casa,
no viviremos aquí
tú de igual modo tendrás que marcharte.

---

14 *Romances de los señores de la Nueva España*, f 3 v - 4 r.

Nos enloquece el Dador de la Vida[15]

No en parte alguna puede estar la casa del inventor de
sí mismo.
Dios, el señor nuestro, por todas partes es invocado,
por todas partes es también venerado.

Se busca su gloria, su fama en la tierra.
Él es quien inventa las cosas,
él es quien se inventa a sí mismo: Dios.
Por todas partes es también venerado.
Se busca su gloria, su fama en la tierra.

Nadie puede aquí,
nadie puede ser amigo
del Dador de la Vida;
solo es invocado,
a su lado,
junto a él,
se puede vivir en la tierra.

El que lo encuentra
tan solo sabe bien esto: él es invocado;
a su lado, junto a él,
se puede vivir en la tierra.

Nadie en verdad
es tu amigo,
ioh Dador de la Vida!
Solo como si entre las flores
buscáramos a alguien,
así te buscamos,
nosotros que vivimos en la tierra,

---

15 *Romances de los señores de la Nueva España*, f 4 r - 5 r.

mientras estamos a tu lado.

Se hastiará tu corazón,
solo por poco tiempo
estaremos junto a ti y a tu lado.

Nos enloquece el Dador de la Vida,
nos embriaga aquí.

Nadie puede estar acaso a su lado,
tener éxito, reinar en la tierra.

Solo tú alteras las cosas,
como lo sabe nuestro corazón:
nadie puede estar acaso a su lado,
tener éxito, reinar en la tierra.

Alegraos[16]

Alegraos con las flores que embriagan,
las que están en nuestras manos.
Que sean puestos ya
los collares de flores.
Nuestras flores del tiempo de lluvia,
fragantes flores,
abren ya sus corolas.
Por allí anda el ave,
parlotea y canta,
viene a conocer la casa de dios.
Solo con nuestros cantos
perece vuestra tristeza.
Oh señores, con esto,
vuestro disgusto de disipa.
Las inventa el Dador de la Vida,
las ha hecho descender
el inventor de sí mismo,
flores placenteras,
con ellas vuestro disgusto se disipa.

---

16 *Romances de los señores de la Nueva España*, f 19 r.

Nos ataviamos, nos enriquecemos...[17]

Nos ataviamos, nos enriquecemos...
con flores, con cantos:
esas son las flores de la primavera:
¡con ellas nos adornamos aquí en la tierra!

Hasta ahora es feliz mi corazón:
oigo ese canto, veo una flor:
¡que jamás se marchite en la tierra.

---

17 *Romances de los señores de la Nueva España*, f 19 r.

¿Eres tú verdadero...?[18]

¿Eres tú verdadero (tienes raíz)?
Solo quien todas las cosas domina,
el Dador de la Vida.
¿Es esto verdad?
¿Acaso no lo es, como dicen?
¡Que nuestros corazones
no tengan tormento!
Todo lo que es verdadero,
(lo que tiene raíz),
dicen que no es verdadero
(que no tiene raíz).
El Dador de la Vida
solo se muestra arbitrario.

¡Que nuestros corazones
no tengan tormento!
Porque él es el Dador de la Vida.

18 *Romances de los señores de la Nueva España*, f 19 v - 20 r.

Solamente él[19]

Solamente él,
el Dador de la Vida.
Vana sabiduría tenía yo,
¿acaso alguien no lo sabía?
¿Acaso alguien no?
No tenía yo contento al lado de la gente.

Realidades preciosas haces llover,
de ti proviene tu felicidad,
¡Dador de la Vida!
Olorosas flores, flores preciosas,
con ansia yo las deseaba,
vana sabiduría tenía yo...

---

19 *Romances de los señores de la Nueva España*, f 20 r

¡Es un puro jade![20]

iEs un puro jade,
un ancho plumaje
tu corazón, tu palabra,
oh padre nuestro!
iTú compadeces al hombre,
tú lo ves con piedad!...
iSolo por un brevísimo instante
está junto a ti y a tu lado!

Preciosas cual jade brotan
tus flores, oh por quien todo vive;
cual perfumadas flores se perfeccionan,
cual azules guacamayas abren sus corolas...
iSolo por un brevísimo instante
está junto a ti y a tu lado!

---

20 *Romances de los señores de la Nueva España*, f 20.

¡Ay de mí...![21]

¡Ay de mí:
sea así!
No tengo dicha en la tierra
aquí.

¡Ah, de igual modo nací,
de igual modo fui hecho hombre!
¡Ah, solo el desamparo
he venido a conocer
aquí en el mundo habitado!

¡Que haya aún trato mutuo
aquí, oh amigos míos,
solamente aquí en la tierra!

Mañana o pasado,
como lo quiera el corazón
de aquel por quien todo vive,
nos hemos de ir a su casa,
¡oh amigos, démonos gusto!

---

21 *Romances de los señores de la Nueva España*, f 20 v - 21 r.

Comienzo a cantar[22]

Comienzo a cantar:
elevo a la altura
el canto de aquél por quien todo vive.

Canto festivo ha llegado:
viene a alcanzar
al Sumo Arbitro:
oh príncipes,
tómense en préstamo
valiosas flores.

Ya las renueva:
¿cómo lo haré?
Con sus ramos
adórneme yo,
yo lloraré:
soy desdichado
por eso lloro.

Breve instante a tu lado,
oh por quien todo vive:
verdaderamente
tú marcas el destino al hombre
¿Puede haber quién se sienta
sin dicha en la tierra?

Con variadas flores engalanado
está enhiesto tu tambor, oh por quien todo vive,
con flores, con frescuras
te dan placer los príncipes:
Un breve instante en esta forma

---

22 *Romances de los señores de la Nueva España*, f 22 - 23 r.

67

es la mansión de las flores del canto.
Las bellas flores del maíz tostado
están abriendo allí sus corolas;
hace estrépito, gorjea
el pájaro sonaja de quetzal,
del que hace vivir todo:
flores de oro están abriendo su corola.
Un breve instante en esta forma
es la mansión de las flores del canto.

Con colores de ave dorada,
de rojinegra y de roja luciente
matizas tú tus cantos:
con plumas de quetzal ennobleces
a tus amigos Águilas y Tigres:
los haces valerosos.

¿Quién la piedad ha de alcanzar arriba
en donde se hace uno noble, donde se logra gloria?
A tus amigos, Águilas y Tigres:
Los haces valerosos.

Pongo enhiesto mi tambor...[23]

Pongo enhiesto mi tambor,
congrego a mis amigos:
allí se recrean,
los hago cantar.
Tenemos que irnos así:
recordadlo:
sed felices,
oh amigos.

¿Acaso ahora con calma,
y así ha de ser allá?
¿Acaso también hay calma
allá donde están los sin cuerpo?
Vayamos...
pero aquí rige la ley de las flores,
pero aquí rige la ley del canto,
aquí en la tierra.
Sed felices,
ataviaos,
oh amigos.

---

23 *Romances de los señores de la Nueva España*, f 23 v - 24 r.

Con flores negras veteadas de oro[24]

Con flores negras veteadas de oro
Entrelaza el bello canto.
Con él vienes a engalanar a la gente,
Tú cantor:con variadas flores
revistes a la gente.
Gocen, oh príncipes.

¿Acaso así se vive ahora
y así vive allá en el sitio del misterio?
¿Aún allí hay placer?
iah, solamente aquí en la tierra:
con flores se da uno a conocer,
con flores se manifiesta uno,
oh amigo mío!

Engalánate con tus flores,
Flores color de luciente guacamaya,
Brillantes como el Sol; con flores del cuervo
Engalanémonos en la tierra,
aquí, pero solo aquí.

Solo un breve instante sea así:
por muy breve tiempo
se tienen en préstamo sus flores.
Ya son llevadas a su casa
y al lugar de los sin cuerpo, también su casa,
y no con eso así han de perecer
nuestra amargura, nuestra tristeza.

---

24 *Romances de los señores de la Nueva España*, f 24 r y v.

Tú, ave azul...[25]

Tú, ave azul, tú lúcida guacamaya
andas volando:
Árbitro Sumo por quien todo vive:
tú te estremeces, tú te explayas aquí
de mi casa plena, de mi morada plena,
el sitio es aquí.

Con tu piedad y con tu gracia
puede vivirse, oh autor de vida, en la tierra:
tú te estremeces, tú te explayas aquí:
de mi casa plena, de mi morada plena,
el sitio es aquí.

---

25 *Romances de los señores de la Nueva España*, f 24 v - 25 r.

Cual joyeles abren sus capullos[26]

Cual joyeles abren sus capullos
tu flores:
rodeadas de follajes de esmeralda.
Están en nuestras manos.
Preciosas olientes flores,
ellas son nuestro atavío.
Solamente las tenemos prestadas
en la tierra.

¡Flores valiosas y bellas
se vayan entreverando
Están en nuestras manos.
Preciosas olientes flores,
ellas son nuestro atavío,
oh príncipes.
Solamente las tenemos prestadas
en la tierra.

Yo me pongo triste
palidezco mortalmente...
¡Allá a su casa, a donde vamos,
oh, ya no hay regreso,
ya nadie retorna acá!...
¡De una vez por todas nos vamos
allá a donde vamos!

¡Pudieran llevarse a su casa
las flores y los cantos!
Váyame yo adornado
con áureas flores del cuervo,
con bellas flores de aroma.

26 *Romances de los señores de la Nueva España*, f 25 r y v.

En nuestras manos están...
Oh ya no hay regreso,
ya nadie retorna acá...
¡De una vez por todas nos vamos
allá a donde vamos!

Nos atormentamos[27]

Nos atormentamos:
no es aquí nuestra casa de hombres...
allá donde están los sin cuerpo,
allá en su casa...
¡Solo un breve tiempo
y se ha de poner tierra de por medio de aquí a allá!

Vivimos en tierra prestada
aquí nosotros los hombres...
allá donde están los sin cuerpo,
allá en su casa...
¡Solo un breve tiempo
y se ha de poner tierra de por medio de aquí a allá!

---

27 *Romances de los señores de la Nueva España*, f 26 r.

74

Ponte de pie, percute tu atabal[28]

Ponte de pie, percute tu atabal:
Dese a conocer la amistad.
Tomados sean sus corazones:
solamente aquí tal vez tenemos prestados
nuestros cañutos de tabaco,
nuestras flores.

Ponte de pie, amigo mío,
toma tus flores junto al atabal.

Huya tu amargura,
adórnate con ellas:
han venido a ser alzadas las flores,
se están repartiendo
las flores de oro preciosas.

Bellamente canta aquí
el ave azul, el quetzal, el zorzal:
preside el canto el *quéchol* [guacamaya]
le responden todos, sonajas y tambores.

Bebo cacao,
con ello me alegro:
mi corazón goza,
mi corazón es feliz.

¡Llore yo o cante,
en el rincón del interior de su casa
pase yo mi vida!

¡Oh ya bebí florido cacao con maíz:

---

28 *Romances de los señores de la Nueva España*, f 37 r - 38 r.

mi corazón llora, está doliente,
solo sufro en la tierra!

¡Todo lo recuerdo:
no tengo placer,
no tengo dicha:
solo sufro en la tierra!

Ay, solo me debo ir...[29]

Ay, solo me debo ir,
solamente así me iré
allá a su casa...
¿Alguien verá otra vez la desdicha?,
¿alguien ha de ver cesar
la amargura, la angustia del mundo?

Solamente se viene a vivir
la angustia y el dolor
de los que en el mundo viven...
¿alguien ha de ver cesar
la amargura, la angustia del mundo?

---

29 *Romances de los señores de la Nueva España*, f 26 r.

Como una pintura nos iremos borrando[30]

¡Oh, tú con flores
pintas las cosas,
Dador de la Vida:
con cantos tú
las metes en tinte,
las matizas de colores:
a todo lo que ha de vivir en la tierra!
Luego queda rota
la orden de Águilas y Tigres:
¡Solo en tu pintura
hemos vivido aquí en la tierra!

En esta forma tachas e invalidas
la sociedad (de poetas), la hermandad,
la confederación de príncipes.
(Metes en tinta)
matizas de colores
a todo lo que ha de vivir en la tierra.
Luego queda rota
la orden de Águilas y Tigres:
¡Solo en tu pintura
hemos venido a vivir aquí en la tierra!

Aun en estrado precioso
en caja de jade
puedan hallarse ocultos los príncipes:
de modo igual somos, somos mortales,
los hombres, cuatro a cuatro,
todos nos iremos,
todos moriremos en la tierra.

---

30 *Romances de los señores de la Nueva España*, f 35 r y v.

Percibo su secreto,
oh vosotros, príncipes:
De modo igual somos, somos mortales,
los hombres, cuatro a cuatro,
todos nos iremos,
todos moriremos en la tierra.

Nadie esmeralda,
nadie oro se volverá,
ni será en la tierra algo que se guarda:
Todos nos iremos
hacia allá igualmente:
nadie quedará, todos han de desaparecer:
de igual modo iremos a su casa.

Como una pintura
nos iremos borrando,
como una flor
hemos de secarnos
sobre la tierra,
cual ropaje de plumas
del quetzal, del zacuán,
del azulejo, iremos pereciendo.
Iremos a su casa.

Llegó hasta acá,
anda ondulando la tristeza
de los que viven ya en el interior de ella...
No se les llore en vano
a Águilas y Tigres...
¡Aquí iremos desapareciendo:
nadie ha de quedar!

Príncipes, pensadlo,

oh Águilas y Tigres:
pudiera ser jade,
pudiera ser oro,
también allá irán
donde están los descorporizados.
¡iremos desapareciendo:
nadie ha de quedar!

¡Esmeraldas, oro!...[31]

¡Esmeraldas, oro
tus flores, oh dios!

Solo tu riqueza
oh por quien se vive,
la muerte al filo de obsidiana,
la muerte en guerra.

Con muerte en guerra
os daréis a conocer

Al borde de la guerra, cerca de la hoguera
os dais a conocer.
Polvo de escudos se tiende,
niebla de dardos se tiende.

¿Acaso en verdad
es lugar a darse a conocer
el sitio del misterio?

Solo el renombre,
el señorío
muere en la guerra:
un poco se lleva hacia
el sitio de los descorporizados.
Solo con trepidantes flores
sale...

---

31 *Romances de los señores de la Nueva España*, f 36 r y v.

Comienza ya...[32]

Comienza ya, canta ya
entre flores de primavera,
príncipe chichimeca,
el de Acolhuacan.

Deléitate, alégrate,
huya tu hastío, no estés triste...
¿Vendremos otra vez
a pasar por la tierra?
Por breve tiempo
vienen a darse en préstamo
los cantos y las flores del dios.

¡En la casa de las flores comienza
el sartal de cantos floridos:
se entreteje: es tu corazón,
oh cantor!

Oh cantor,
ponte en pie:
tú haces cantar,
tú pones un collar fino
a los de Acolhuacan.
En verdad nunca acabarán las flores,
nunca acabarán los cantos.

Floridamente se alegran nuestros corazones:
Solamente breve tiempo
aquí en la tierra.
Vienen ya nuestras bellas flores.
Gózate aquí, oh cantor,

---

32 *Romances de los señores de la Nueva España*, f 39 v - 41 r.

entre flores primaverales:
Vienen ya nuestras bellas flores.

Se van nuestras flores:
nuestros ramilletes,
nuestras guirnaldas
aquí en la tierra...
¡Pero solo aquí!

Debemos dejar
la ciudad, oh príncipes chichimecas:
No llevaré flores,
no llevaré bellos cantos
de aquí de la tierra...
¡Pero solo aquí!

Donde es el reparto, donde es el reparto
vino a erguirse el Árbol Florido:
con él se alegra, e irrumpe
mi hermoso canto.

Ya esparzo nuestros cantos,
se van repartiendo:
tú con quien vivo,
estás triste:
¡Que se disipe tu hastío!
¡Ya no esté pensativo tu corazón!
¡Con cantos engalanaos!

Los cantos son nuestro atavío[33]

Como si fueran flores
los cantos son nuestro atavío,
oh amigos:
con ellos venimos a vivir en la tierra.

Verdadero es nuestro canto,
verdaderas nuestras flores
el hermoso canto.
Aunque sea jade,
aunque sea oro,
ancho plumaje de quetzal...
¡Que lo haga yo durar aquí junto al tambor!
¿Ha de desaparecer acaso
nuestra muerte en la tierra?
Yo soy cantor:
que así sea.

Con cantos nos alegramos,
nos ataviamos con flores aquí
¿En verdad lo comprende nuestro corazón?
¡Eso hemos de dejarlo al irnos:
por eso lloro, me pongo triste!

Con flores aquí
se entreteje la nobleza
la amistad.
Gocemos con ellas
casa universal suya es la tierra.

¿En el sitio de lo misterioso aún
habrá de ser así?

---

33 *Romances de los señores de la Nueva España*, f 41 r - 42 r.

84

Ya no como aquí en la tierra:
las flores, los cantos
solamente aquí perduran.

Solamente aquí una vez
haya galas de uno a otro.
¿Quién es conocido así allá?
¿Aún de verdad hay allá vida?

¡Ya no hay allá tristeza,
allá no recuerdan nada... ay!
¿Es verdad nuestra casa:
también allá vivimos?

Mientras que con escudos...[34]

Mientras que con escudos
pasan el día los príncipes,
no ahora se asegunde.
(Vuestra riqueza) vuestra dicha
es la guerra.
Ya va Cuauhtecohuazin,
conoce al dios.

---

34 *Romances de los señores de la Nueva España*, f 42 r y v.

Esmeraldas, turquesas[35]

Esmeraldas
turquesas,
son tu greda y tu pluma,
ioh por quien todo vive!

Ya se sienten felices
los príncipes,
con florida muerte a filo obsidiana,
con la muerte en la guerra.

---

35 *Romances de los señores de la Nueva España*, f 42 v.

Canto de primavera[36]

En la casa de las pinturas
comienza a cantar,
ensaya el canto,
derrama flores,
alegra el canto.

Resuena el canto,
los cascabeles se hacen oír,
a ellos responden
nuestras sonajas floridas.
Derrama flores,
alegra el canto.

Sobre las flores canta
el hermoso faisán,
su canto despliega
en el interior de las aguas.
A él responden
variados pájaros rojos,
el hermoso pájaro rojo
bellamente canta.

Libro de pinturas es tu corazón
has venido a cantar,
haces resonar tus tambores,
tú eres el cantor.
En el interior de la casa de la primavera
alegras a las gentes

Tú solo repartes
flores que embriagan

---

36 *Romances de los señores de la Nueva España*, f 38 v - 39 r.

flores preciosas.
Tú eres el cantor.

En el interior de la casa de la primavera,
alegras a las gentes.

He llegado aquí: soy Yoyontzin[37]

He llegado aquí: soy Yoyontzin.
Solo flores anhelo,
he venido a estar cortando flores en la tierra.
Ya corto aquí las valiosas flores,
ya corto flores de amistad.

Unido con tu persona, oh príncipe,
yo soy Nezahualcóyotl, el rey, soy Yoyontzin.
Solo vengo a buscar presuroso
tu hermoso canto,
y así también con él busco a los amigos.
Haya aquí alegría,
demuéstrese la amistad.

Un breve tiempo me deleito,
un breve tiempo se alegra
mi corazón en la tierra.
Yo soy Yoyontzin:
flores anhelo.
Me vivo con cantos floridos
Mucho quiero y deseo
la hermandad, la nobleza.
Anhelo cantos: me vivo con cantos floridos.

Como el jade,
como un collar rico
como ancho plumaje de quetzal,
estimo tu canto al Dador de Vida,
con él, me gozo,
con él bailo entre los atabales
en la florida casa de primavera.

---

37 *Cantares mexicanos*, f 18 v - 19 r.

Yo, Yoyontzin. Mi corazón lo goza.
Tañe bellamente
tu tambor florido tú, cantor;
espárzanse flores perfumadas y blancas
y flores preciosas se derramen.[38]

---

38 Otra versión en *Romances de los señores de la Nueva España*, f 3 r y v.

He llegado aquí,
soy Yoyontzin.
Solo busco las flores,
sobre la tierra he venido a cortarlas.
Aquí corto ya las flores preciosas,
para mí corto aquellas de la amistad:
son ellas tu ser, ¡oh príncipe!,
yo soy Nezahualcóyotl, el señor Yoyontzin.

Ya busco presuroso
mi canto verdadero,
y así también busco
a ti, amigo nuestro.
Existe la reunión:
es ejemplo de amistad.

Por poco tiempo me alegro,
por breve lapso vive feliz
mi corazón en la tierra.
En tanto yo exista, yo, Yoyontzin,
anhelo las flores,
una a una las recojo,
aquí donde vivimos.

Con ansia yo quiero, anhelo,
la amistad, la nobleza,
la comunidad.

Canto de la huida[39]

(De Nezahualcóyotl cuando andaba huyendo
del señor de Azcapotzalco)

En vano he nacido,
en vano he venido a salir
de la casa del dios a la tierra,
¡yo soy menesteroso!
Ojalá en verdad no hubiera salido,
que de verdad no hubiera venido a la tierra.
No lo digo, pero...
¿qué es lo que haré?,
¡oh príncipes que aquí habéis venido!
¿vivo frente al rostro de la gente?,
¿qué podrá ser?,
¡reflexiona!

¿Habré de erguirme sobre la tierra?

Con cantos floridos yo vivo.

Como si fuera de oro,
como un collar fino,
como ancho plumaje de quetzal,
así aprecio
tu canto verdadero:
con él yo me alegro.

¿Quién es el que baila aquí,
en el lugar de la música,
en la casa de la primavera?
¡Soy yo, Yoyontzin!,
ojalá lo disfrute mi corazón.

39 *Romances de los señores de la Nueva España*, f 21 r - 22 v.

¿Cuál es mi destino?,
yo soy menesteroso,
mi corazón padece,
tú eres apenas mi amigo
en la tierra, aquí.

¿Cómo hay que vivir al lado de la gente?
¿Obra desconsideradamente,
vive, el que sostiene y eleva a los hombres?

¡Vive en paz,
pasa la vida en calma!
Me he doblegado,
solo vivo con la cabeza inclinada
al lado de la gente.
Por eso me aflijo,
¡soy desdichado!,
he quedado abandonado
al lado de la gente en la tierra.

¿Cómo lo determina tu corazón,
Dador de la Vida?
¡Salga ya tu disgusto!
Extiende tu compasión,
estoy a tu lado, tú eres dios.
¿Acaso quieres darme la muerte?

¿Es verdad que nos alegramos,
que vivimos sobre la tierra?
No es cierto que vivimos
y hemos venido a alegrarnos en la tierra.
Todos así somos menesterosos.
La amargura predice el destino
aquí, al lado de la gente.

Que no se angustie mi corazón.
No reflexiones ya más
verdaderamente apenas
de mí mismo tengo compasión en la tierra.

Ha venido a crecer la amargura,
junto a ti a tu lado, Dador de la Vida.
Solamente yo busco,
recuerdo a nuestros amigos.
¿Acaso vendrán una vez más,
acaso volverán a vivir?
Solo una vez perecemos,
solo una vez aquí en la tierra.
¡Que no sufran sus corazones!,
junto y al lado del Dador de la Vida.

Estoy embriagado[40]

Estoy embriagado, lloro, me aflijo,
pienso, digo,
en mi interior lo encuentro:
si yo nunca muriera,
si nunca desapareciera.
Allá donde no hay muerte,
allá donde ella es conquistada,
que allá vaya yo...
Si yo nunca muriera,
si yo nunca desapareciera.

---

40 *Cantares mexicanos*, f 14 v.

Memoria de los reyes[41]

Con lágrimas de flores de tristeza,
con que mi cantar se engalana,
yo cantor hago memoria de los nobles:
los que fueron quebrantados, como un tiesto,
los que fueron sometidos a la fatiga,
allá en el lugar de los Despojados de su Carne.
Ellos vinieron a ser reyes, vinieron a tener mando
sobre la tierra:
plumas finas, se ajaron y palidecieron,
esmeraldas finas, se ajaron y palidecieron,
esmeraldas, añicos se hicieron.

¡Sean ya en su presencia,
sean conocidos y vistos, los nobles,
fue vista en la tierra la ciencia del Dueño del Mundo!

Ay, canto tristes cantos,
hago memoria de los nobles.
Si volviera a estar yo junto a ellos,
si viniera yo a su encuentro,
¡allá en el Lugar de los Despojados de su Carne!
Vengan por segunda vez a la tierra de los nobles,
vengan a dar gloria aún al que nosotros
engrandecemos,
ellos también dieron culto al Dador de la Vida.
¡Felices nosotros, oh vasallos, si aprendiéramos
así, lo que por carencia de ellos nos ha hechos
perversos!
Por eso llora mi corazón,
pongo en orden y concierto en mi pensamiento,
yo cantor, con llanto, con tristeza hago memoria.

---

41 *Cantares mexicanos*, f 4 r.

Ojalá supiera yo al menos que me oyen;
un hermoso canto para ellos entono,
¡allá en el Lugar de los Despojados de Carne!
¡Si yo les diera alegría, con él,
si con él yo aliviara la pena de los nobles!
¿Podré saberlo, acaso? ¿Y cómo?
¿Por mucho que me esfuerce diligente,
en ningún tiempo iré a estar en pos de ellos;
no en vez alguna llegaré a conversar con ellos
como acá en la tierra?

Memoria de los reyes[42]

Con lágrimas de flores de tristeza,
con que mi cantar se engalana
yo cantor hago memoria de los nobles:
los que se fueron quebrantados, como un tiesto,
los que fueron sometidos a la fatiga,
allá en el lugar de los Despojados de su Carne.
Ellos vinieron a ser reyes, vinieron a tener mando
sobre la tierra:
plumas finas, se ajaron y palidecieron,
esmeraldas, añicos se hicieron.

¡Sean ya su presencia,
sean conocidos y vistos, los nobles,
fue vista en la tierra la ciencia del Dueño del Mundo!

Ay, canto tristes cantos,
hago memoria de los nobles.
Si volviera a estar yo junto a ellos,
si lograra asirlos de las manos,
si viniera yo a su encuentro,
¡allá en el Lugar de los Despojados de su Carne!
Vengan por segunda vez a la tierra los nobles,
vengan a dar gloria aún al que nosotros
engrandecemos,
ellos también dieron culto al Dador de la Vida.
¡Felices nosotros, oh vasallos, si aprendiéramos
así, lo que por carencia de ellos nos ha hecho
perversos!
Por eso llora mi corazón,
pongo en orden y concierto mi pensamiento,
yo cantor, con llanto, con tristeza hago memoria.

42 *Cantares mexicanos*, f 4 r.

¡Ojalá supiera yo al menos que me oyen;
un hermoso canto para ellos entono,
allá en el lugar de los Despojados de su Carne!
¡Si yo les diera alegría, con él,
si con él yo aliviara la pena de los nobles!
¿Podré saberlo, acaso? ¿Y cómo?
¿Por mucho que me esfuerce diligente,
en ningún tiempo iré a estar en pos de ellos;
no en vez alguna llegaré a conversar con ellos
como acá en la tierra?

Ido que seas de esta presente vida...[43]

Oíd lo que dice el rey Nezahualcoyotzin, en sus lamentaciones sobre las calamidades y persecuciones que han de padecer sus reinos y señoríos:

Ido que seas de esta presente vida a la otra,
oh rey Yoyontzin,
vendrá tiempo que serán deshechos y destrozados tus
vasallos,
quedando todas tus cosas en las tinieblas del olvido:
entonces, de verdad,
no estará en tu mano el señorío y mando,
sino en la de Dios.
Y esto digo:
«Entonces serán las aflicciones, las miserias y
persecuciones
que padecerán tus hijos y nietos;
y llorosos se acordarán de ti,
viendo que los dejaste huérfanos
en servicio de otros extraños
en su misma patria Acolihuacan;
porque en esto vienen a parar los mandos, imperios y
señoríos,
que duran poco y son de poca estabilidad.
Lo de esta vida es prestado,
que en un instante lo hemos de dejar
como otros lo han dejado,
pues los señores Zihuapantzin,
                    Acolnahuacatzin y Quauhtzontezoma,
que siempre te acompañaban,
ya no los ves en estos breves gustos.

---

43 Historia chichimeca, traducción de Alva Ixtlilxochitl.

En tal año como éste...[44]

En tal año como éste,
se destruirá este templo, que ahora se estrena
¿quien se hallará presente?
¿Si será mi hijo o mi nieto?,
entonces irá a disminución la tierra,
y se acabarán los señores,
de suerte que el maguey siendo pequeño y sin razón,
será talado;
los árboles siendo pequeños darán fruto
y la tierra defectuosa siempre ira a menos;
entonces la malicia, deleites y sensualidad,
estarán en su punto,
dándose a ellos desde su tierna edad los hombres y
mujeres;
y unos a otros se robarán las haciendas.
Sucederán cosas prodigiosas:
las aves hablarán ya,
y en este tiempo llegará el árbol de la luz,
y de la salud y sustento.
Para librar a vuestros hijos de estos vicios y
calamidades,
haced que desde niños se den a la virtud y trabajos.

---

44 Historia chichimeca, traducción de Alva Ixtlilxochitl.

Ya se disponen aquí nuestros tambores[45]

Preludio de un poeta

> Ya se disponen aquí nuestros tambores:
> ya hago bailar a águilas y tigres.
>
> Ya estás aquí en pie, Flor del Canto.
> Yo busco cantos: son nuestra dicha.
>
> Oh príncipe mío, Nezahualcoyotl,
> Ya te fuiste a la región de los muertos,
> al lugar de la incierta existencia:
> ya para siempre estás allí.

Nezahualcoyotl

> Al fin allá, al fin allá:
> Yo Nezahualcoyotl llorando estoy.
> ¿Cómo he de irme y de perderme en la región de los
> muertos?
> Ya te dejo, mi dios por quien se vive:
> tú me lo mandas: he de irme y perderme
> en la región de los muertos.
>
> ¿Cómo quedara la tierra de acolhuacan?
>
> ¿Alguna vez acaso has de dispersar a tus vasallos?
> Ya te dejo, mi dios por quien todo vive:
> tú me lo mandas: he de irme y perderme
> en la región de los muertos.

Canto de otro poeta

---

45 *Cantares mexicanos*, f 28 v - 29 r.

Solo los cantos son nuestro atavío:
destruyen nuestros libros los jefes guerreros:
Haya aquí gozo:
nadie tiene su casa en la tierra:
tenemos que dejar las fragantes y olorosas flores.

Nadie dará término a tu dicha,
oh tú, por quien todo vive.
Mi corazón lo sabe: por breve tiempo,
tienes todo prestado, oh Nezahualcoyotzin.
No se viene aquí por dos veces:
nadie tiene su casa en la tierra,
no por segunda vez venimos a la tierra.

Yo cantor lloro al recordar a Nezahualcoyotl.

Monólogo de Nezahualcóyotl

Hay cantos floridos; que se diga
yo bebo flores que embriagan,
ya llegaron las flores que causan vértigo,
ven y serás glorificado.

Ya llegaron aquí las flores en ramillete:
son flores de placer que se esparcen,
llueven y se entrelazan diversas flores.

Ya retumba el tambor: sea el baile:
con bellas flores narcóticas se tiñe mi corazón.

Yo soy cantor: flores para esparcirlas
yo las voy tomando: gozad.

Dentro de mi corazón se quiebra la flor del canto:
ya estoy esparciendo flores.

Con cantos alguna vez me he de amortajar,
con flores mi corazón ha de ser entrelazado:
ison los príncipes, los reyes!
Por eso lloro a veces y digo:

La fama de mis flores, el renombre de mis cantos,
dejaré abandonados alguna vez:
con flores mi corazón ha de ser entrelazado:
iSon los príncipes, los reyes!

Soy rico[46]

Soy rico,
yo, el señor Nezahualcóyotl.
Reúno el collar,
los anchos plumajes de quetzal,
por experiencia conozco los jades,
¡son los príncipes amigos!
Me fijo en sus rostros,
por todas partes águilas y tigres,
por experiencia conozco los jades,
las ajorcas preciosas...

---

46 *Cantares mexicanos*, f 16 v.

Estoy triste[47]

Estoy triste, me aflijo,
yo, el señor Nezahualcóyotl.
Con flores y con cantos
recuerdas a los príncipes,
a los que se fueron,
a Tezozomoctzin, a Quaquauhtzin.

En verdad viven,
allá en donde de algún modo se existe.
¡Ojalá pudiera yo seguir a los príncipes,
llevarles nuestras flores!
¡Si pudiera yo hacer míos
los hermosos cantes de Tezozomoctzin!
Jamás perecerá tu nombre,
¡oh mi señor, tú, Tezozomoctzin!
Así, echando de menos tus cantos,
me he venido a afligir,
solo he venido a quedar triste,
yo a mí mismo me desgarro.

He venido a estar triste, me aflijo.
Ya no estás aquí, ya no,
en la región donde de algún modo se existe,
nos dejaste sin provisión en la tierra,
por esto, a mí mismo me desgarro.

---

47 *Cantares mexicanos*, f 25 r y v.

Percibo lo secreto...[48]

Percibo lo secreto, lo oculto:
¡oh vosotros señores!
Así somos, somos mortales,
de cuatro en cuatro nosotros los hombres,
todos habremos de irnos,
todos habremos de morir en la tierra...

Nadie en jade,
nadie en oro se convertirá:
En la tierra quedará guardado
todos nos iremos
allá, de igual modo.
Nadie quedará,
conjuntamente habrá que perecer,
nosotros iremos así a su casa.

Como una pintura
nos iremos borrando.
Como una flor,
nos iremos secando
aquí sobre la tierra.
Como vestidura de plumaje de ave zacuán,
de la preciosa ave de cuello de hule,
nos iremos acabando
nos vamos a su casa.

Se acercó aquí
hace giros la tristeza
de los que en su interior viven...
Meditadlo, señores,
águilas y tigres,

48 *Romances de los señores de la Nueva España*, f 36 r.

aunque fuerais de jade,
aunque allá iréis,
al lugar de los descarnados...
Tendremos que desaparecer
nadie habrá de quedar.

Lo comprende mi corazón[49]

Por fin lo comprende mi corazón:
escucho un canto,
contemplo una flor:
¡Ojalá no se marchiten!

---

49 *Romances de los señores de la Nueva España*, f 19 v.

Con flores escribes...[50]

Con flores escribes, Dador de la Vida,
con cantos das color,
con cantos sombreas
a los que han de vivir en la tierra.
Después destruirás a águilas y tigres,
solo en tu libro de pinturas vivimos,
aquí sobe la tierra.
Con tinta negra borrarás
lo que fue la hermandad,
la comunidad, la nobleza.
Tú sombreas a los que han de vivir en la tierra.

---

50 *Romances de los señores de la Nueva España*, f 35 r.

110

En el interior del cielo[51]

Solo allá en el interior del cielo
tú inventas tu palabra,
¡Dador de la Vida!
¿Qué determinarás?
¿Tendrás fastidio aquí?
¿Ocultarás tu fama y tu gloria en la tierra?
¿Qué determinarás?
Nadie puede ser amigo
del Dador de la Vida...
Amigos, águilas, tigres,
¿a dónde en verdad iremos?
Mal hacemos las cosas, oh amigo.
Por ello no así te aflijas,
eso nos enferma, nos causa la muerte.
Esforzaos, todos tendremos que ir
a la región del misterio.

---

51 *Cantares mexicanos*, f 13 v.

No en parte alguna...[52]

No en parte alguna puede estar la casa del inventor de
sí mismo.
Dios, el señor nuestro, por todas partes es invocado,
por todas partes es también venerado.
Se busca su gloria, su fama en la tierra.
Él es quien inventa las cosas,
él es quien se inventa a sí mismo: Dios.
Por todas partes es invocado,
por todas partes es también venerado.
Se busca su gloria, su fama en la tierra.

Nadie puede aquí
nadie puede ser amigo
del Dador de la Vida:
Solo es invocado,
a su lado,
junto a él,
se puede vivir en la tierra.

El que lo encuentra,
tan solo sabe bien esto: él es invocado,
a su lado, junto a él,
se puede vivir en la tierra.

Nadie en verdad
es tu amigo,
¡oh Dador de la Vida!
Solo como si entre las flores
buscáramos a alguien,
así te buscamos,
nosotros que vivimos en la tierra,

---

52 *Romances de los señores de la Nueva España*, f 4 v - 5 v.

mientras estamos a tu lado.
Se hastiará tu corazón.
Solo por poco tiempo
estaremos junto a ti a tu lado.

No enloquece el Dador de la Vida,
nos embriaga aquí.
Nadie puede estar acaso a su lado,
tener éxito, reinar en la tierra.

Solo tú alteras las cosas,
como lo sabe nuestro corazón:
Nadie puede estar acaso a su lado,
tener éxito, reinar en la tierra.

Pensamiento

¿Es que en verdad se vive aquí en la tierra?
¡No para siempre aquí!
Un momento en la tierra,
si es de jade se hace astillas,
si es de oro se destruye,
si es plumaje de ketzalli se rasga,
¡No para siempre aquí!
Un momento en la tierra.

En ningún lugar puede estar la casa

En ningún lugar puede estar la casa del él que se
invente.
Pero en todos los lugares le invocan,
en todos los lugares que él es venerado,
su gloria, su fama se busca en la tierra.

Es él que inventa todo.
Él es quién se inventa: Dios.
En todos los lugares le invocan,
en todos los lugares en que él es venerado,
su gloria, su fama se busca en la tierra.

Nadie aquí puede,
nadie puede ser íntimo
con el donante de la vida;
solamente le invocan,
en su cara,
cerca de él,
uno puede vivir en la tierra.

Él que lo encuentra,
sabe solamente una cosa: Le invocan,
en su cara, cerca de él,
uno puede vivir en la tierra.
En verdad nadie es íntimo con usted,
¡Donante de la vida!

Solamente como entre las flores,
puede ser que busquemos a alguien,
así le buscamos,
nosotros que vivimos en la tierra,
mientras que estamos en su cara.

Nuestros corazones serán preocupados,
solamente por un tiempo corto,
estaremos cerca de usted y en su cara.

El donante de lo enredado de nuestras vidas,
él nos intoxica aquí.
Nadie puede estar quizás en su cara,
sea famoso, regla en la tierra.

Solamente usted cambia cosas,
como nuestros corazones la saben:
Nadie puede estar quizás en su cara,
sea regla famosa en la tierra.

¿A dónde iremos?, ¿donde la muerte no existe?
Mas, ¿por esto viviré llorando?
Que tu corazón se enderece:
aquí nadie vivirá para siempre.
Aún los príncipes a morir vinieron,
hay incineramiento de gente.

Liras de Nezahualcóyotl

Un rato cantar quiero
pues la ocasión y el tiempo se me ofrece:
Ser admitido espero,
que mi intento por sí no desmerece;
y comienzo mi canto
aunque fuera mejor llamarle llanto.

Y tú, querido amigo,
goza la amenidad de aquestas flores;
alégrate conmigo,
desechemos las penas, los temores:
que el gusto trae medida
por ser al fin con fin la mala vida.

Yo tocaré, cantando,
el músico instrumento sonoroso;
tú, las flores gozando,
danza y festeja a Dios que es poderoso;
gocemos hoy tal gloria,
porque la humana vida es transitoria.

De Acolhuacán pusiste
en esta noble corte, asiento tuyo,
tus sillas, y quisiste
vestirlas de oro y perlas, donde arguyo
que con grandeza tanta
el Imperio se aumenta y se levanta.

Oh Yoyontzin prudente,
famoso rey y singular monarca,
goza del bien presente,
que lo presente lo florido abarca,

porque vendrá algún día
que busques este gusto y alegría.

Entonces la fortuna
te ha de quitar el cetro de la mano;
ha de menguar tu Luna,
no te verás tan fuerte y tan ufano:
entonces tus criados
de todo bien serán desamparados.

Y en tan triste suceso,
los nobles descendientes de tu nido,
de príncipes el peso,
los que de noble cuna han nacido,
faltando tu cabeza
gustarán amargura de pobreza.

Traerán a la memoria
quién fuiste, en pompa a todos envidiada;
tus triunfos y victoria;
y con gloria y majestad pasada
cotejando pesares,
de lágrimas harán crecidos mares.

Y estos tus descendientes
que te sirven de pluma y de corona,
de Acolhuacán extrañarán la zona;
y tenidos por tales,
con estas dichas crecerán sus males.

De esta grandeza rara,
digna de mil coronas y blasones,
será la fama avara;
solo se acordarán en las naciones

lo bien que gobernaron
las tres cabezas que el Imperio honraron.
En México famosa,
Moctezuma, valor de pecho indiano
a Acolhuacán dichosa,
de Nezahualcóyotl rigió la mano;
a Tlacopan la fuerte,
Totoquihuatzin le salió por suerte.

Ningún olvido temo
de lo bien que tu reino dispusiste,
estando en el supremo
lugar que de la mano recibiste
del gran Señor del Mundo,
factor de aquestas cosas sin segundo.

Goza, pues, muy gustoso,
oh Nezahualcóyotl, lo que ahora tienes;
con flores de este hermoso
jardín, corona de tus ilustres sienes;
oye mi canto y lira
que a darle gustos y placeres tira.

Los gustos de esta vida,
sus riquezas y mandos, son prestados;
con sustancia fingida,
en apariencia solo matizados;
y es tan gran verdad esta,
que a una preguna me has de dar respuesta.

¿Qué es de Cihuapatzin
y Cuauhtzontecomatzin el valiente
y de Acolnahuacatzin?
¿Qué es de toda esa gente?

¿Sus voces oigo acaso?
Ya están en la otra vida; ese es el caso.

¡Ojalá los que ahora
juntos nos tiene del amor el hilo
que amistad atesora,
viéramos de la muerte el duro filo!
Porque no hay bien seguro:
que siempre trae mudanza lo futuro.

«...Y te prometo reconocerte
por mi Señor y Creador,
y de agradecimiento del bien recibido,
de hacerte un templo
donde sean reverenciado,
y se te haga ofrenda toda la vida,
hasta que tú, Señor,
te dignes mostrarte a este tu esclavo
y a los demás de mi reino;
y de hoy en adelante ordenaré
que no se sacrifique en todo el reino
gente humana, porque tengo para mí
que te ofendes por ello.»
«...Que el dolor que llevo es
no tener luz ni conocimiento,
ni ser merecedor
de conocer tan gran Dios;
el cual tengo por cierto que,
ya que los presentes no lo conozcan,
en que sea conocido
y adorado en esta tierra.»

Solo un breve instante aquí

Yo, Nezahualcóyotl, lo pregunto:
¿Acaso es verdad que se vive en la tierra?
¿Acaso para siempre en la tierra?
Hasta las piedras finas se resquebrajan,
hasta el oro se destroza,
hasta las plumas preciosas se desgarran.
¿Acaso para siempre en la tierra?
¡Solo un breve instante aquí!

Me siento fuera de sentido...

Me siento fuera de sentido, lloro,
me aflijo, cuando pienso, digo y recuerdo:

¡Oh, si nunca yo muriera,
oh, si nunca desapareciera!

¡Allá donde no hay muerte,
allá donde se alcanza la victoria,
que allá yo fuera!

¡Oh, si nunca yo muriera,
oh, si nunca desapareciera!...

Qué es la poesía[53]

Lo he comprendido al fin:
oigo un canto: veo una flor:
ioh, que jamás se marchiten!

---

53   Romance de los señores de la Nueva España.

Sed de inmortalidad

Me siento fuera de sentido,
lloro, me aflijo y pienso,
digo y recuerdo:
¡Oh, si nunca yo muriera,
si nunca desapareciera!...
¡Vaya yo donde no hay muerte,
donde se alcanza victoria!
Oh, si nunca yo muriera,
si nunca desapareciera...

Canto primaveral[54]

Sobre las flores canta el hermoso faisán:
ya sus cantos desata el Dueño del mundo.
Y solo le responden sus propias aves.
Son las aves rojas bellas que cantan.
Un libro de pinturas es tu corazón:
viniste a cantar, oh poeta, y tañes tu atabal.
Es que en la primavera deleitas a los hombres.

---

54   Romance de los señores de la Nueva España.

Dolor del canto[55]

Oye un canto mi corazón:
me opongo a llorar: me lleno de dolor.
Nos vamos entre flores:
tenemos que dejar esta tierra:
estamos prestados unos a otros:
¡iremos a la Casa del Sol!
Póngame yo un collar de variadas flores:
en mis manos estén:
¡florezcan en mis guirnaldas!
Tenemos que dejar esta tierra:
estamos prestados unos a otros:
¡nos vamos a la Casa del Sol!

---

55   Romance de los señores de la Nueva España.

Nuestra casa, recinto de flores

Nuestra casa, recinto de flores,
con rayos de Sol en la ciudad,
México Tenochtitlán en tiempos antiguos;
lugar bueno, hermoso,
nuestra morada de humanos,
nos trajo aquí el Dador de la Vida,
aquí estuvo nuestra fama, nuestra gloria en la tierra.

Nuestra casa, niebla de humo,
ciudad mortaja,
México Tenochtitlán ahora;
enloquecido lugar de ruido
¿aún podemos elevar un canto?
Nos trajo aquí el Dador de la Vida
aquí estuvo nuestra fama, nuestra gloria en la tierra.

Libros a la carta

A la carta es un servicio especializado para
empresas,
librerías,
bibliotecas,
editoriales
y centros de enseñanza;
y permite confeccionar libros que, por su formato y concepción, sirven a los propósitos más específicos de estas instituciones.

Las empresas nos encargan ediciones personalizadas para marketing editorial o para regalos institucionales. Y los interesados solicitan, a título personal, ediciones antiguas, o no disponibles en el mercado; y las acompañan con notas y comentarios críticos.

Las ediciones tienen como apoyo un libro de estilo con todo tipo de referencias sobre los criterios de tratamiento tipográfico aplicados a nuestros libros que puede ser consultado en Linkgua-ediciones.com.

Linkgua edita por encargo diferentes versiones de una misma obra con distintos tratamientos ortotipográficos (actualizaciones de carácter divulgativo de un clásico, o versiones estrictamente fieles a la edición original de referencia).

Este servicio de ediciones a la carta le permitirá, si usted se dedica a la enseñanza, tener una forma de hacer pública su interpretación de un texto y, sobre una versión digitalizada «base», usted podrá introducir interpretaciones del texto fuente. Es un tópico que los profesores denuncien en clase los desmanes de una edición, o vayan comentando errores de interpretación de un texto y esta es una solución útil a esa necesidad del mundo académico.

Asimismo publicamos de manera sistemática, en un mismo catálogo, tesis doctorales y actas de congresos académicos, que son distribuidas a través de nuestra Web.

El servicio de «libros a la carta» funciona de dos formas.

1. Tenemos un fondo de libros digitalizados que usted puede personalizar en tiradas de al menos cinco ejemplares. Estas personalizaciones pueden ser de todo tipo: añadir notas de clase para uso de un grupo de

estudiantes, introducir logos corporativos para uso con fines de marketing empresarial, etc. etc.

2. Buscamos libros descatalogados de otras editoriales y los reeditamos en tiradas cortas a petición de un cliente.

www.ingramcontent.com/pod-product-compliance
Lightning Source LLC
Chambersburg PA
CBHW020548030426

42337CB00013B/1006